Dios duerme en la roca,
sueña en la planta,
se agita en el animal
y despierta en el hombre.

IBN ARABI

Uno
Primera edición: abril de 2019

© 2019 Esther Merchán Montero
(texto e ilustraciones)
© 2019 Thule Ediciones, SL
Alcalá de Guadaíra 26, bajos
08020 Barcelona

Director de colección: José Díaz
Maquetación: Alvar Zaid

EAN: 978-84-16817-50-4
D. L.: B 3710-2019

Impreso por Índice Arts Gràfiques, Barcelona

www.thuleediciones.com

U N O

ESTHER   MERCHÁN   MONTERO

En mi sueño soñé
que era UNO.

Entonces me dividí una vez.

Y luego otra.

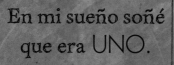

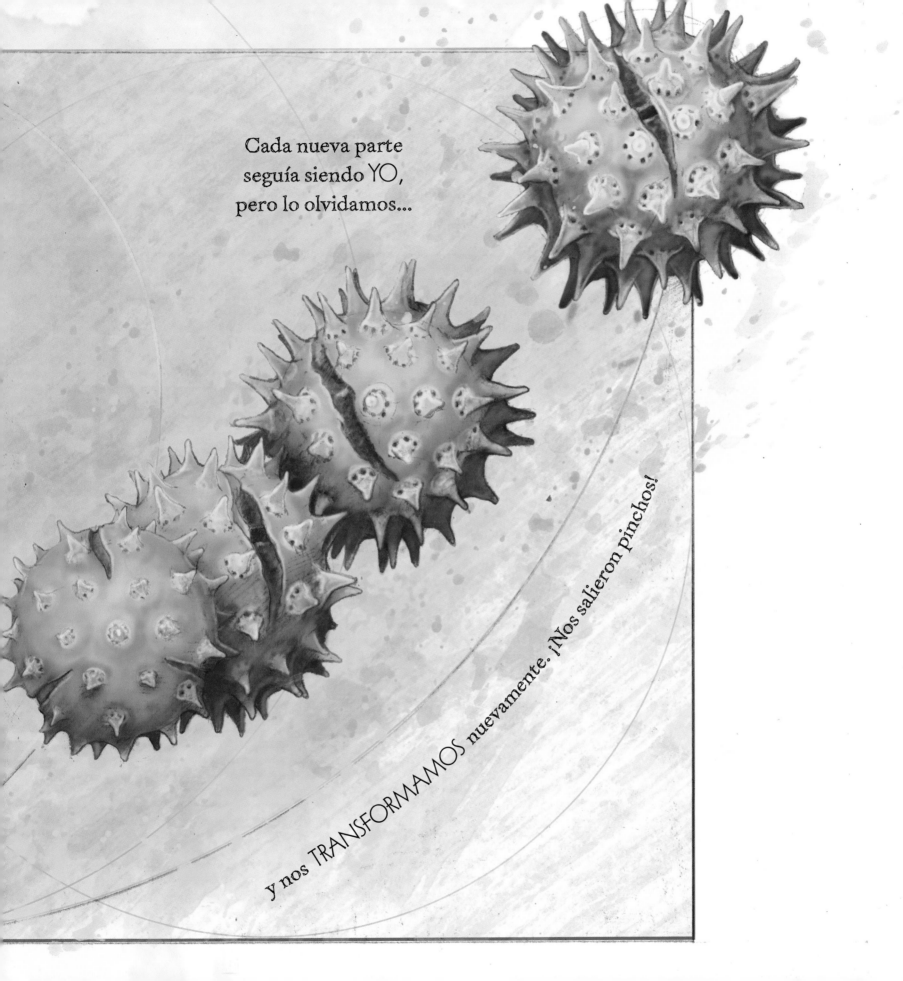

Cada nueva parte
seguía siendo YO,
pero lo olvidamos...

y nos TRANSFORMAMOS nuevamente. ¡Nos salieron pinchos!

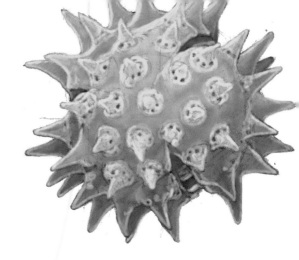

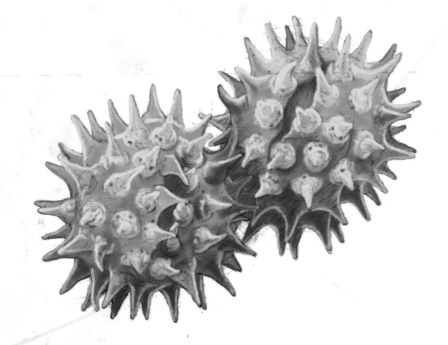

Al principio creíamos que estábamos

S O L O S . . .

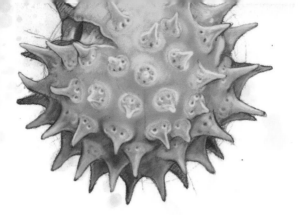

Hasta que descubrimos a OTROS que se parecían bastante a nosotros.

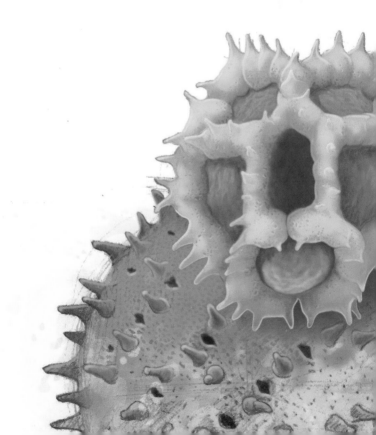

Ahora estamos juntos, en este lugar EXTRAÑO y complejo
que no acabamos de entender.

A veces me pregunto si este mundo es

CONSCIENTE,

como nosotros

Y si esta sensación de SER, de

Y O S O Y

es la misma para todos y cada uno de nosotros.

Tal vez sea así,
y cada parte sea consciente y esté
CONECTADA
con todo lo demás, de alguna manera...

pues todo está interrelacionado en esta
SINFONÍA NATURAL.

Tal vez nosotros mismos seamos pequeñas partes de...

UN TODO *mucho más...* GRANDE.

¡Tal vez de un ORGANISMO mucho mayor!

Un ser biológico, como nosotros, por el que fluye la misma...

FUERZA VITAL.

Con un cuerpo que, como el nuestro,
no es una estructura fija, sino un

PROCESO DINÁMICO

en el que todo está en continua
evolución e interacción.
En un equilibrio
frágil y delicado

¿Acaso no está
todo en movimiento?
¿No está toda la materia
compuesta de los mismos
elementos fundamentales,
del mismo polvo de estrellas?

¿Y si esa materia no
fuera más que energía e información,
luz y sOnido, vibrando
a diferentes frecuencias,
sonando en distintas escalas?

Tal vez la Consciencia sea la cualidad fundamental del
C O S M O S.

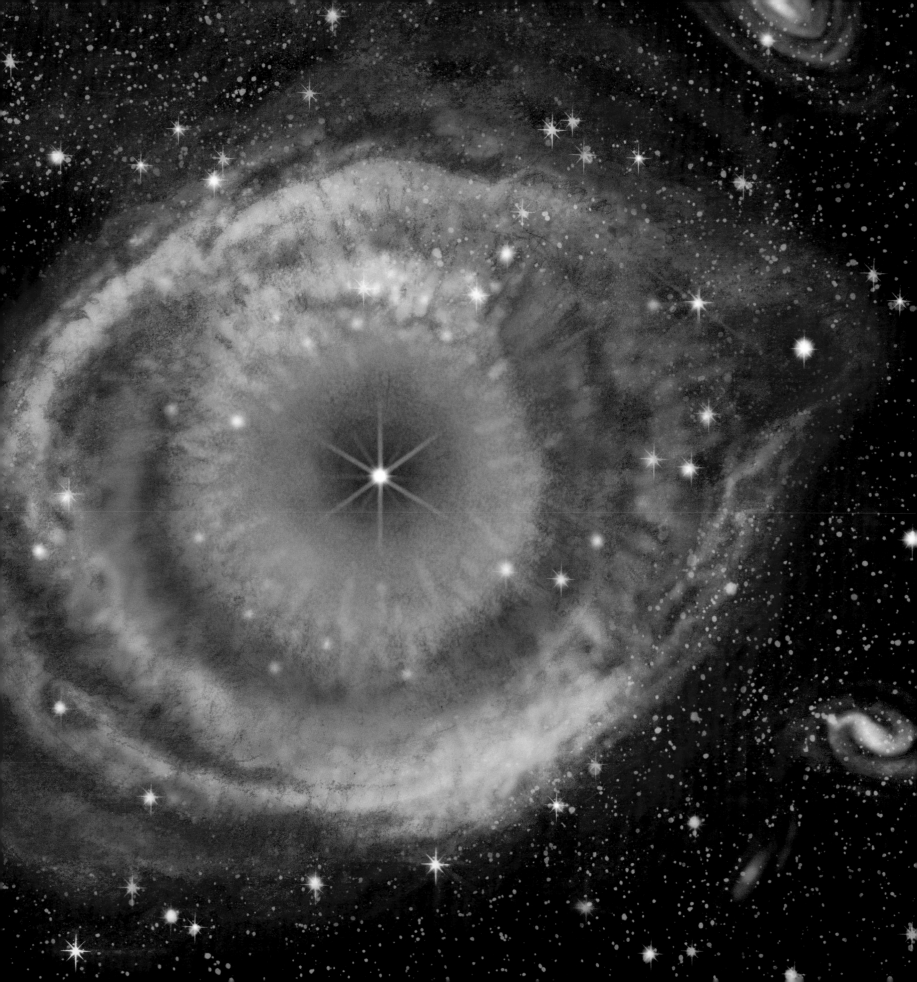

y el espacio y el tiempo, como la materia,
no sean más que una ilusión, una idea...

en una MENTE INFINITA.

Tal vez, todo esté pasando a la vez...

AQUÍ y AHORA.

Tal vez todo sea...

UNO ...

y apreciarlo solo sea cuestión de perspectiva.

A veces pasamos de largo ante
las cosas más maravillosas,
y solo cuando nos paramos a

OBSERVAR

las descubrimos en todo su esplendor.

Se produce entonces un momento mágico,
en el que la sensación de asombro es sobrecogedora...

y entonces

DESPERTAMOS.

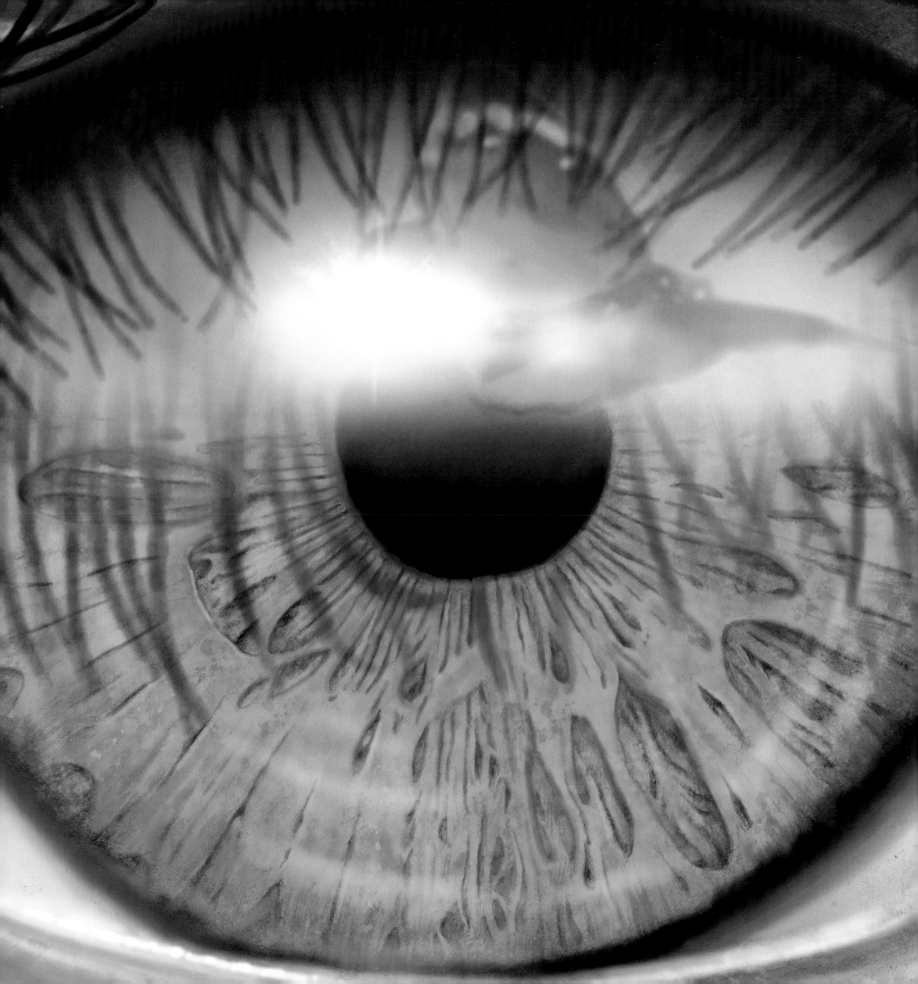